LE LABO DE TON CERVEAU

Tome 3 : La maîtrise

Proposé par Bruno Vandenbeuck

Projet soutenu par :

Ecole de l'Harmonie – 28290 Arrou
Page Facebook : Les Fées Relax

Blog Le Labo de TON Cerveau : lelabodetoncerveau.over-blog.com
Site : http://lelabodetoncerveau.wix.com/apprendre-le-cerveau
Page Facebook : Le Labo de TON Cerveau

Loi n°49-956 du 16 juillet 1949 sur les publications destinées à la jeunesse, modifiée par la loi n°2011-525 du 17 mai 2011.

© 2017, Bruno Vandenbeuck
Editeur : BoD – Books on Demand
12/14 rond-point des Champs-Elysées – 75008 Paris
Impression : BoD – Books on Demand
Norderstedt - Allemagne

ISBN : 978-2-3221-0179-5

Dépôt légal : Février 2017

Le Labo de ton cerveau

c'est jouer avec ce que tu es capable de faire, déjà.

C'est aussi un mode d'emploi de ton cerveau que tu peux COLORIER comme tu veux =>

c'est TON jeu, donne-lui du SENS

C'est déjà le dernier tome !

Oh non !

Tu vas pouvoir devenir Maître de Ton Super Toi...

... et enseigner aux autres.

Le Maître est souvent celui qui enseigne *La Force je t'enseigne*

Et en t'entraînant, **TU RÉUSSIS !**

Maintenant, apprends comment utiliser au mieux tes nouvelles CAPACITÉS

START (✲)

(✲) Commence

Après avoir joué avec les 2 premiers Tomes, j'ai appris l'utilité du calme, je me suis entraîné à être présent, j'ai joué avec mes pensées.

Alors vivement l'étape suivante !

Super Toi sait comment :

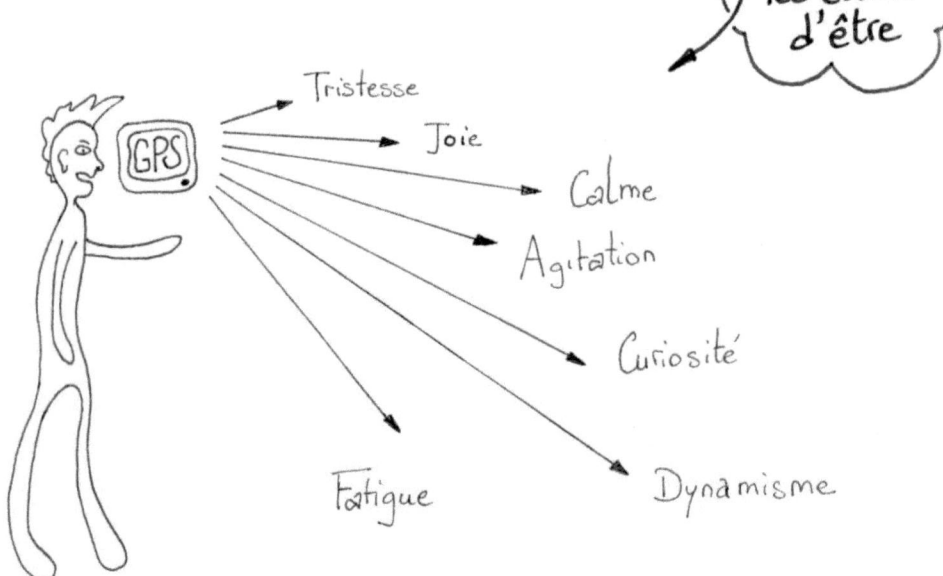

Tes états d'être
- Tristesse
- Joie
- Calme
- Agitation
- Curiosité
- Dynamisme
- Fatigue

→ Choisir comment tu veux te sentir, être à chaque moment

Par exemple,

Est-ce que tu as besoin d'être : **triste** pour jouer avec tes amis ?

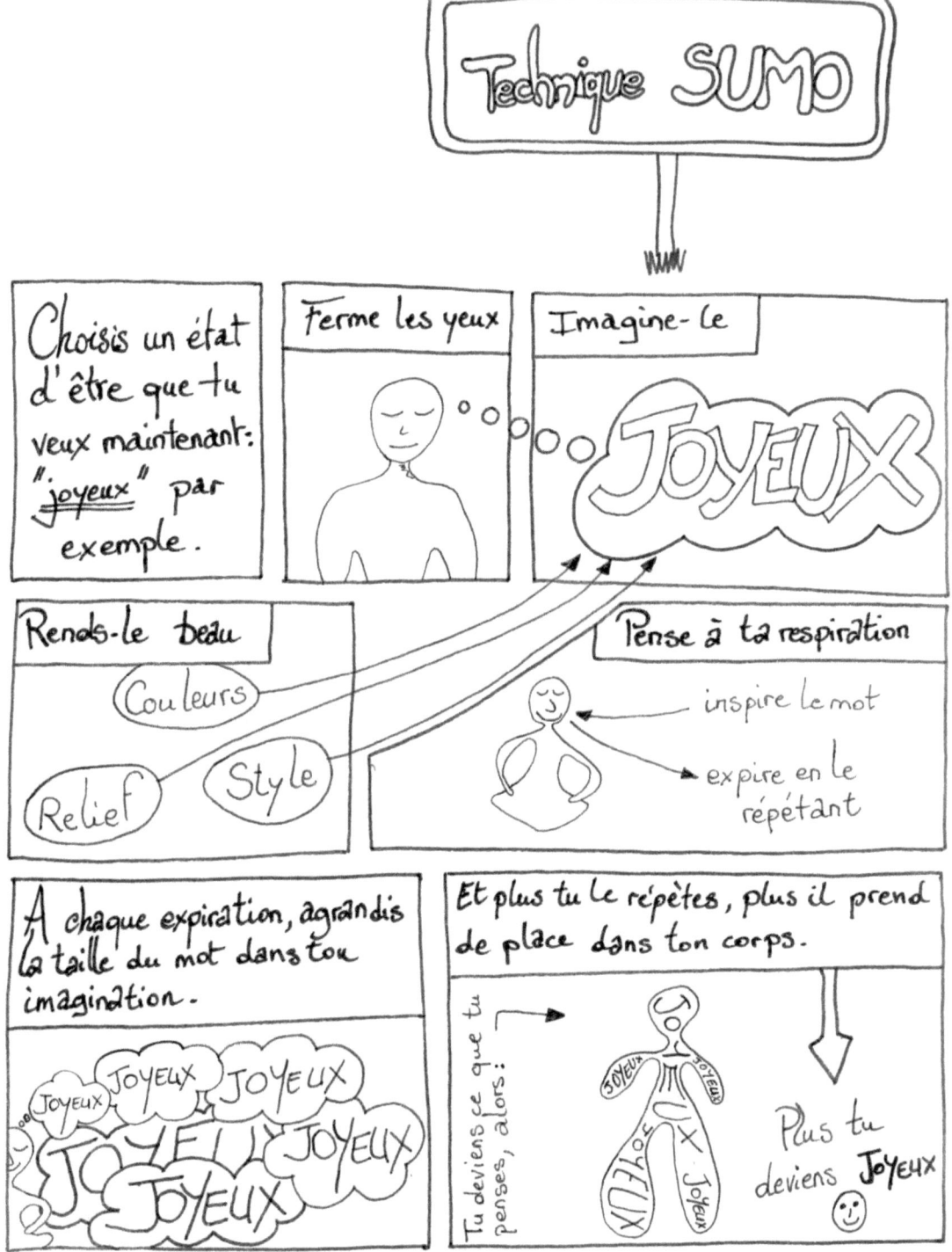

Et + tu t'entraînes avec des émotions que Tu Veux, plus tu es libre de choisir comment tu veux être à chaque moment, n'est-ce pas ?

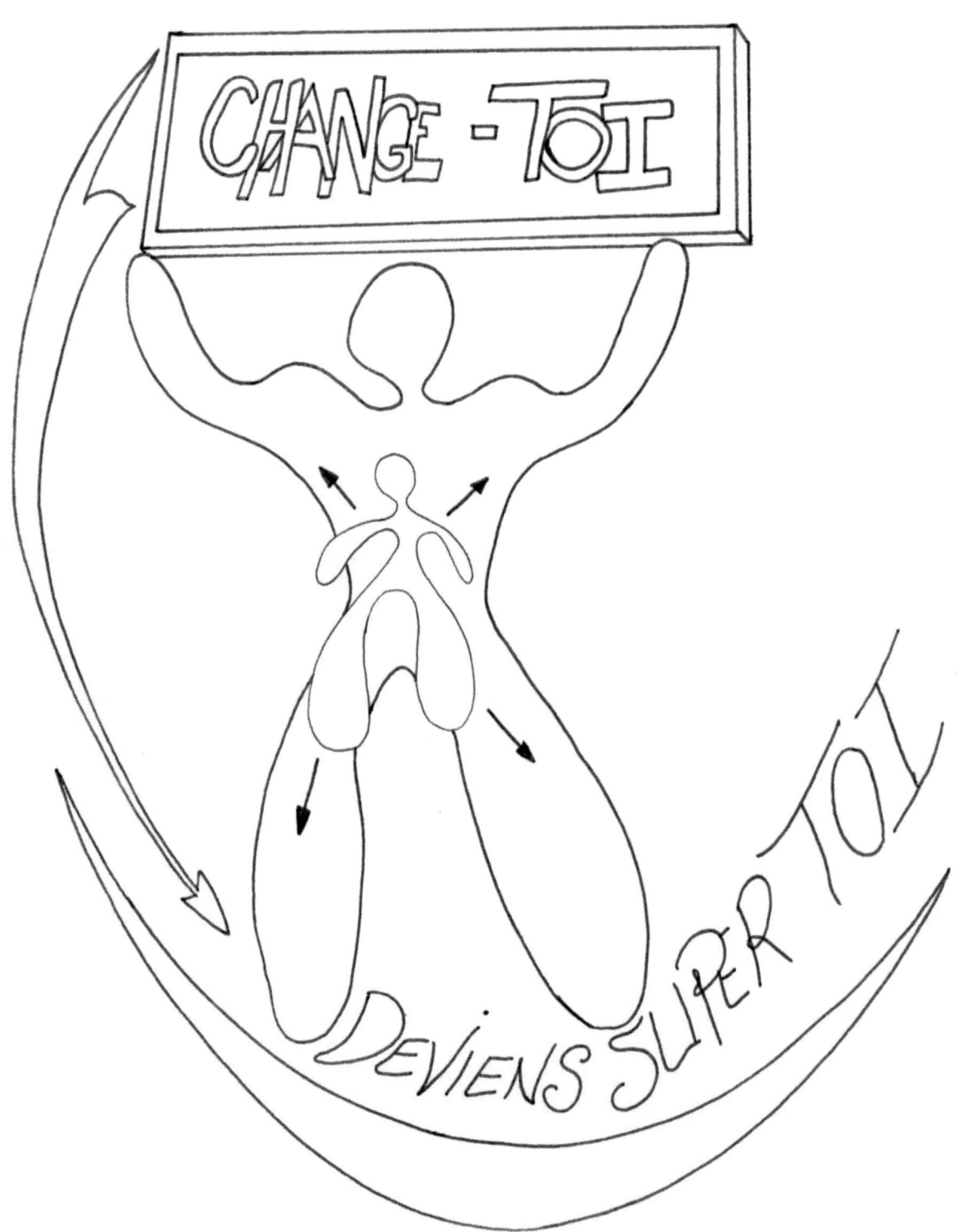

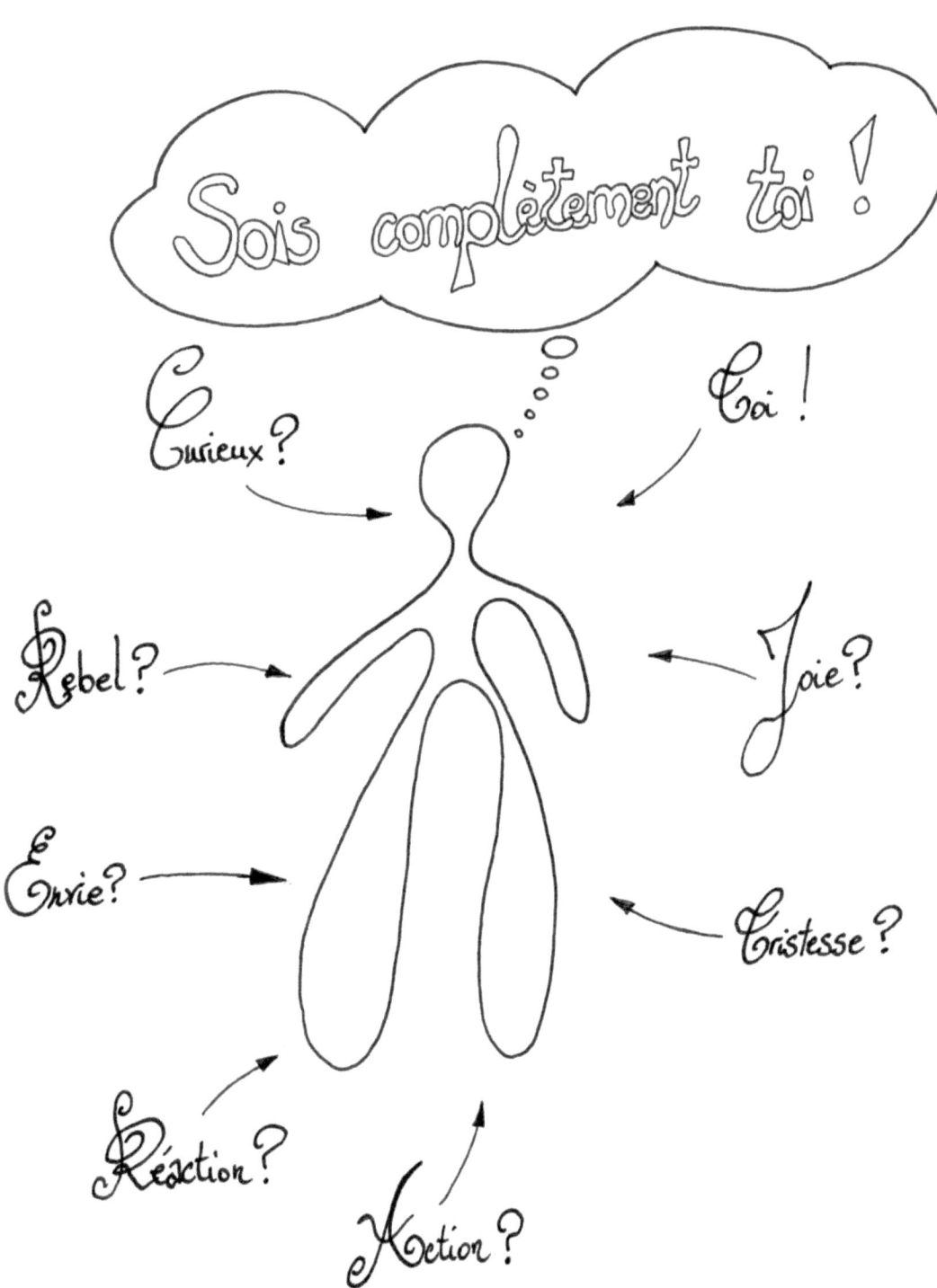

Et dépasse l'image de toi.

Ça demande de l'entraînement pour y arriver encore mieux →

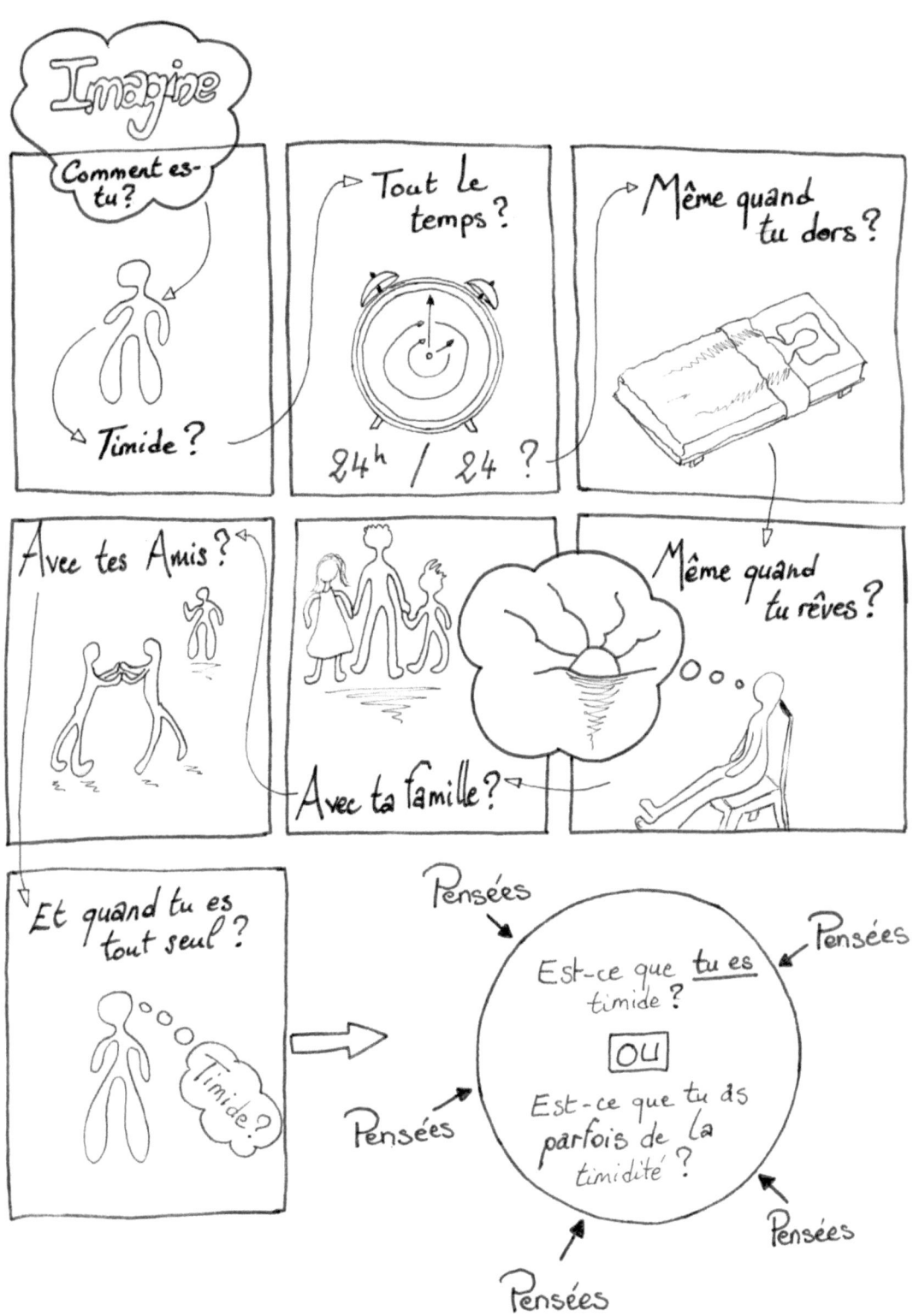

Et tu le sais,

tes Pensées

↓

ta Réalité

Et tu te rappelles que

Tu peux choisir

tes pensées...

Donc :

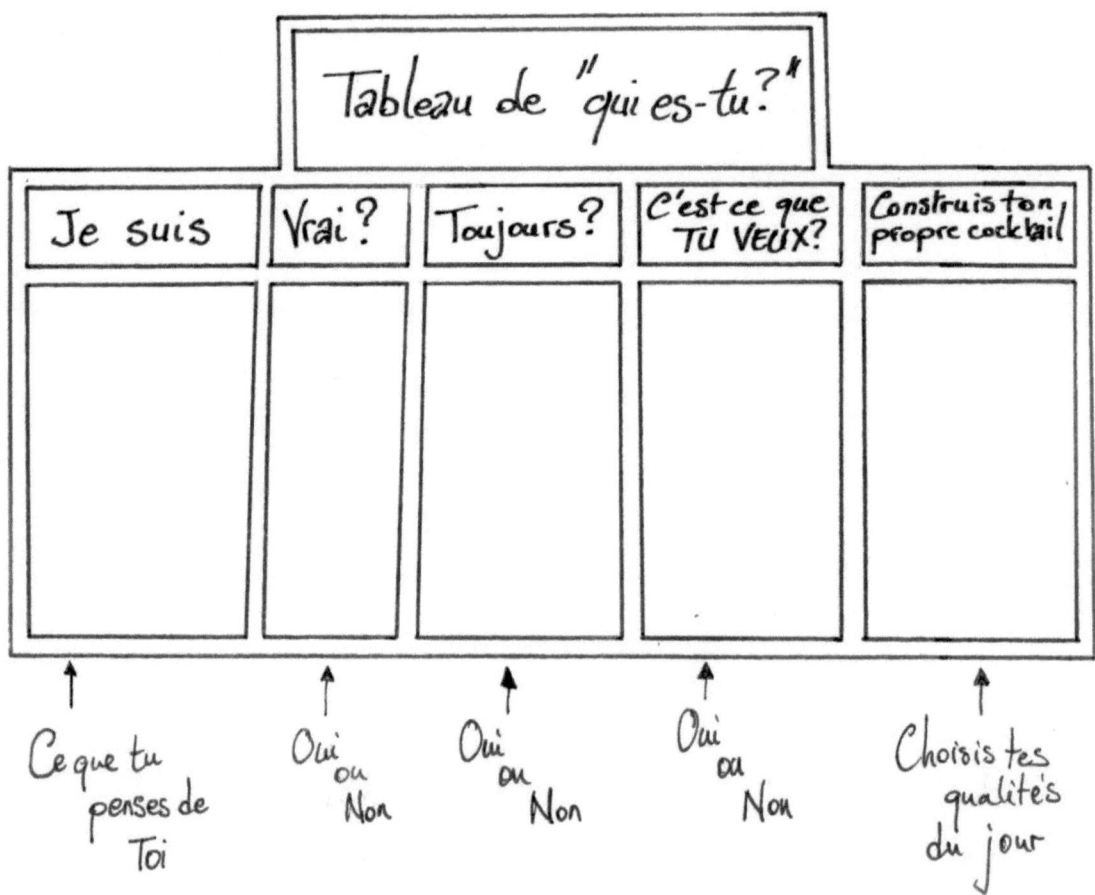

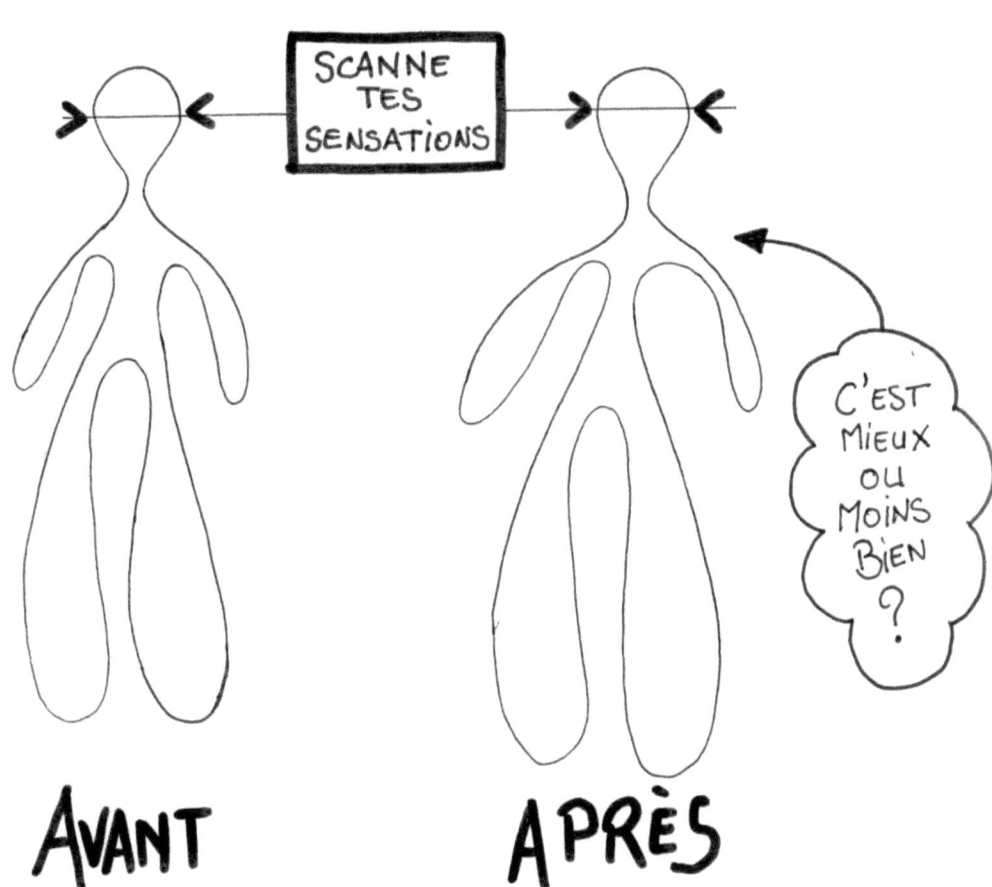

Donc :

Libère-toi de ton image mentale !

Petit exercice :

Quand tu te construis ton Super Toi, tu es libre de choisir tout ce qui est bon pour être encore mieux quand tu as besoin d'être + performant.

- Calculateur ultra rapide
- Confiance
- Calme
- Clarté
- Envie
- GPS Super Performant
- Volonté
- Tablette tactile
- Energie
- Joie
- Rire
- Imagination
- Liberté
- Créativité
- Talent
- Couleur
- Musique
- ...

Alors, scanne ton nouveau TOI SUPER.

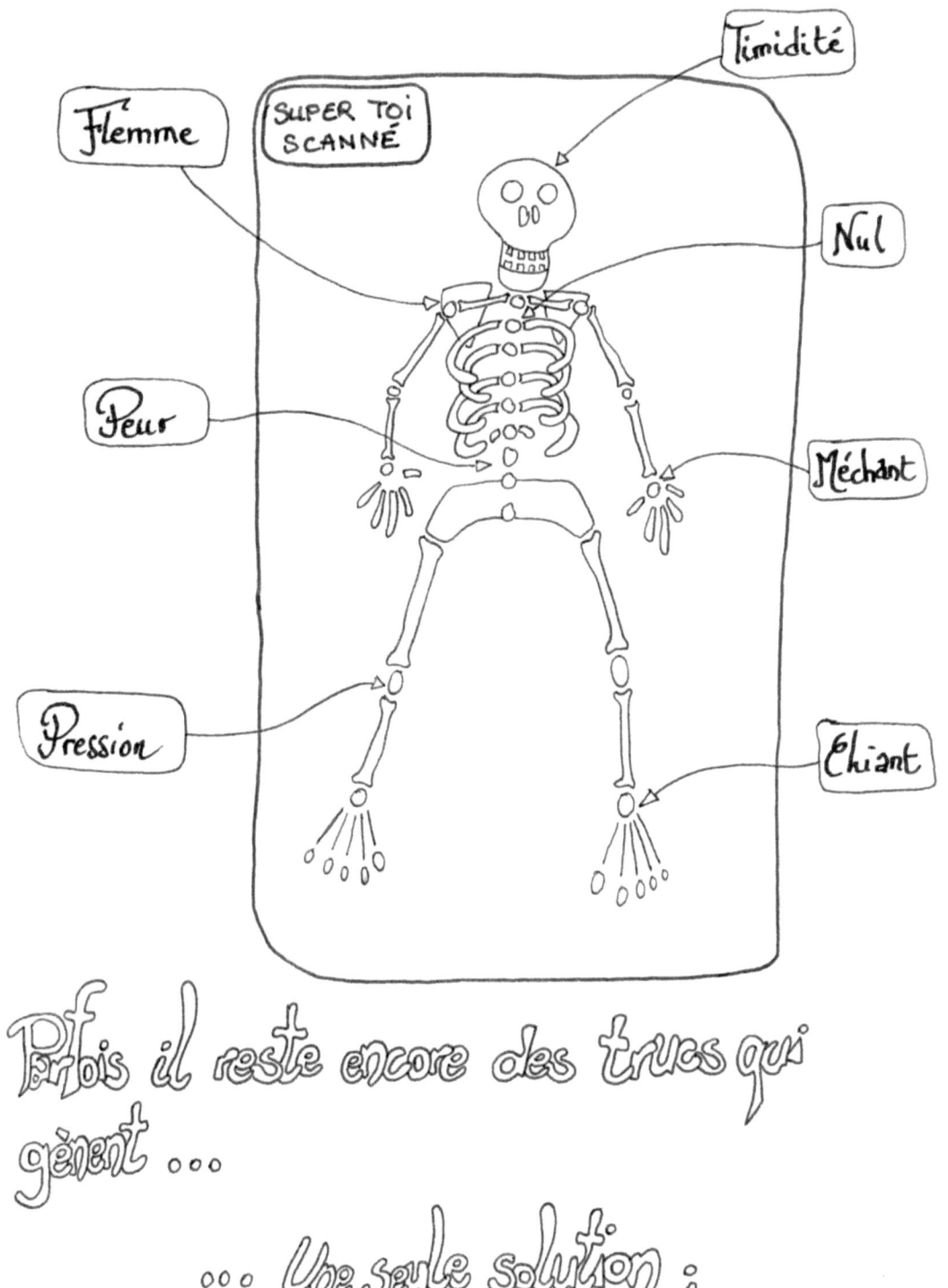

Parfois il reste encore des trucs qui gênent...

... Une seule solution :

Le tireur d'élite !

Il est trop balaise pour toucher et détruire ce qui te gêne maintenant !

Son prénom c'est Arthur, mais chut...!

36

Ta mission, si tu l'acceptes, agent tireur d'élite, est de détruire toutes les pensées et les émotions qui ne me sont pas utiles pour faire ce que je dois faire maintenant

C'est toi qui parle 😊

C'est parti 🙂

Ouah, il est super grand !

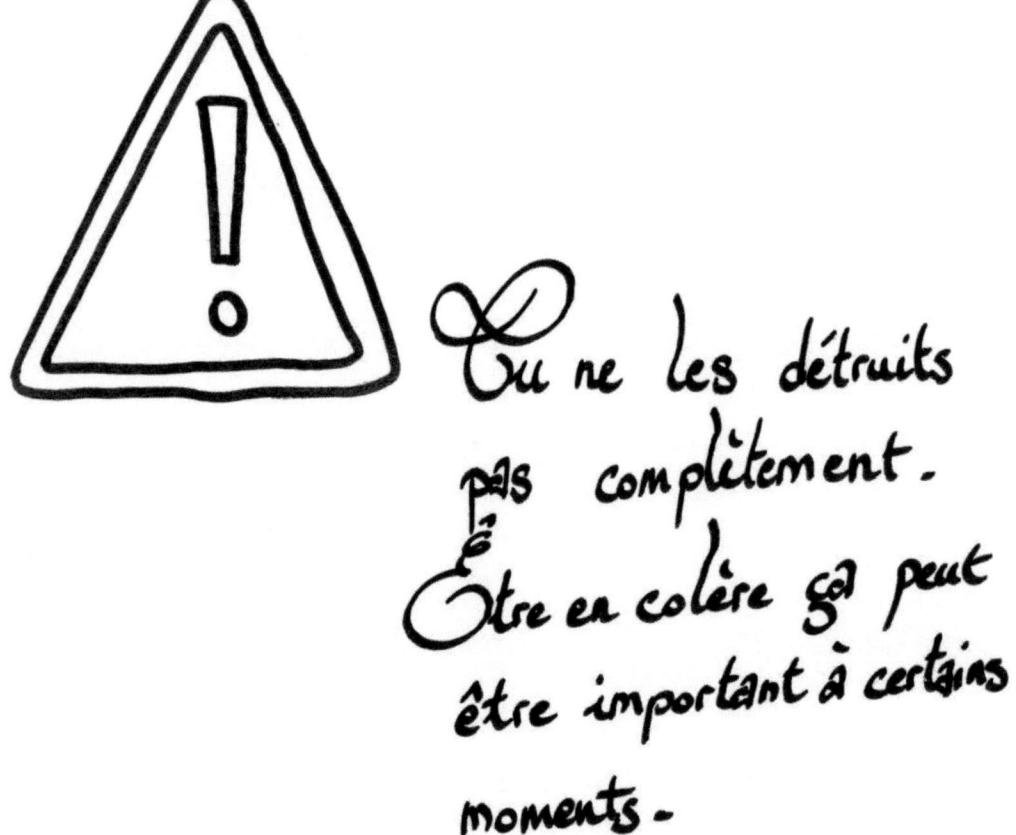

Tu ne les détruits pas complètement. Être en colère ça peut être important à certains moments.

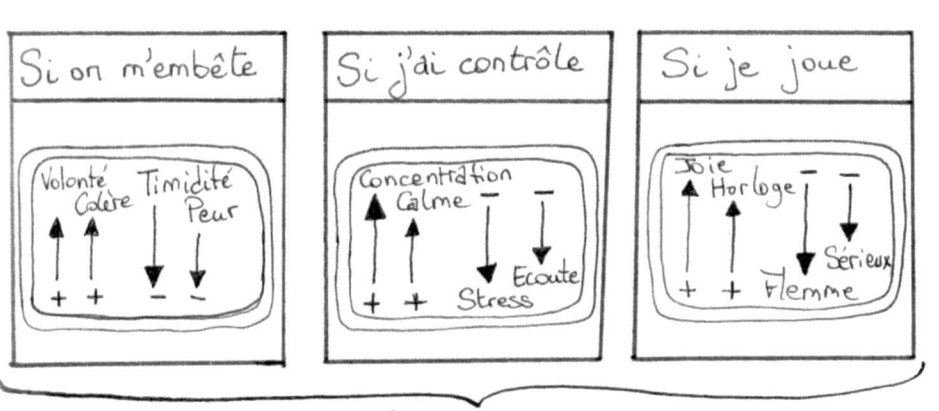

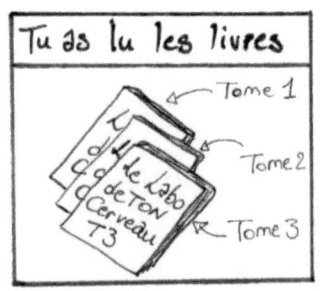 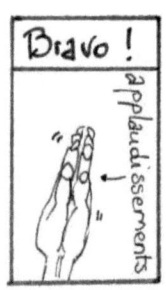 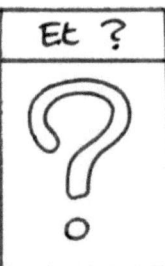 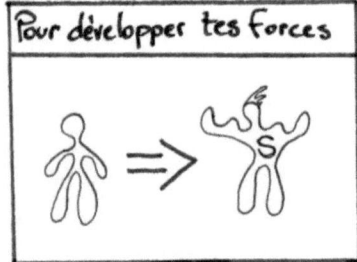

> J'imagine que c'est pas facile de courir un marathon si tu ne t'entraînes pas à courir...

...avec lesquelles tu peux jouer à t'entraîner.

Choisis les techniques que tu préfères pour devenir encore plus

- Calme
- Volonté
- Construis-le

Quelques petits trucs pour t'aider à réussir

La régularité

Comme en sport, il est + facile de s'entraîner chaque jour pour réussir encore mieux.

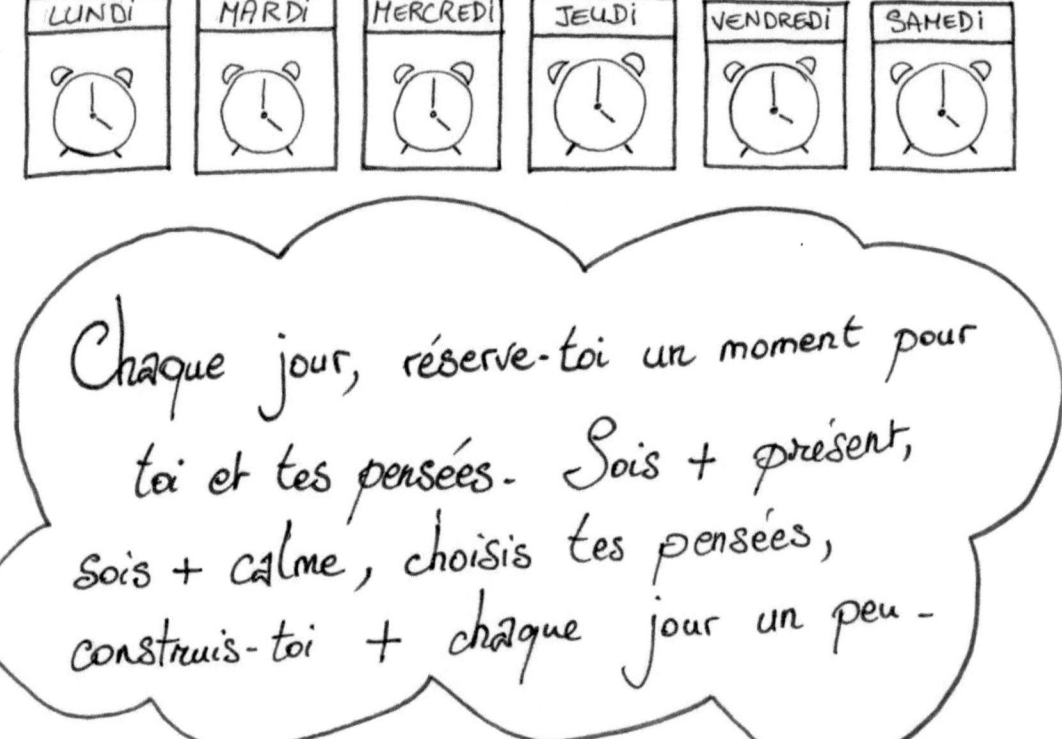

Chaque jour, réserve-toi un moment pour toi et tes pensées. Sois + présent, sois + calme, choisis tes pensées, construis-toi + chaque jour un peu.

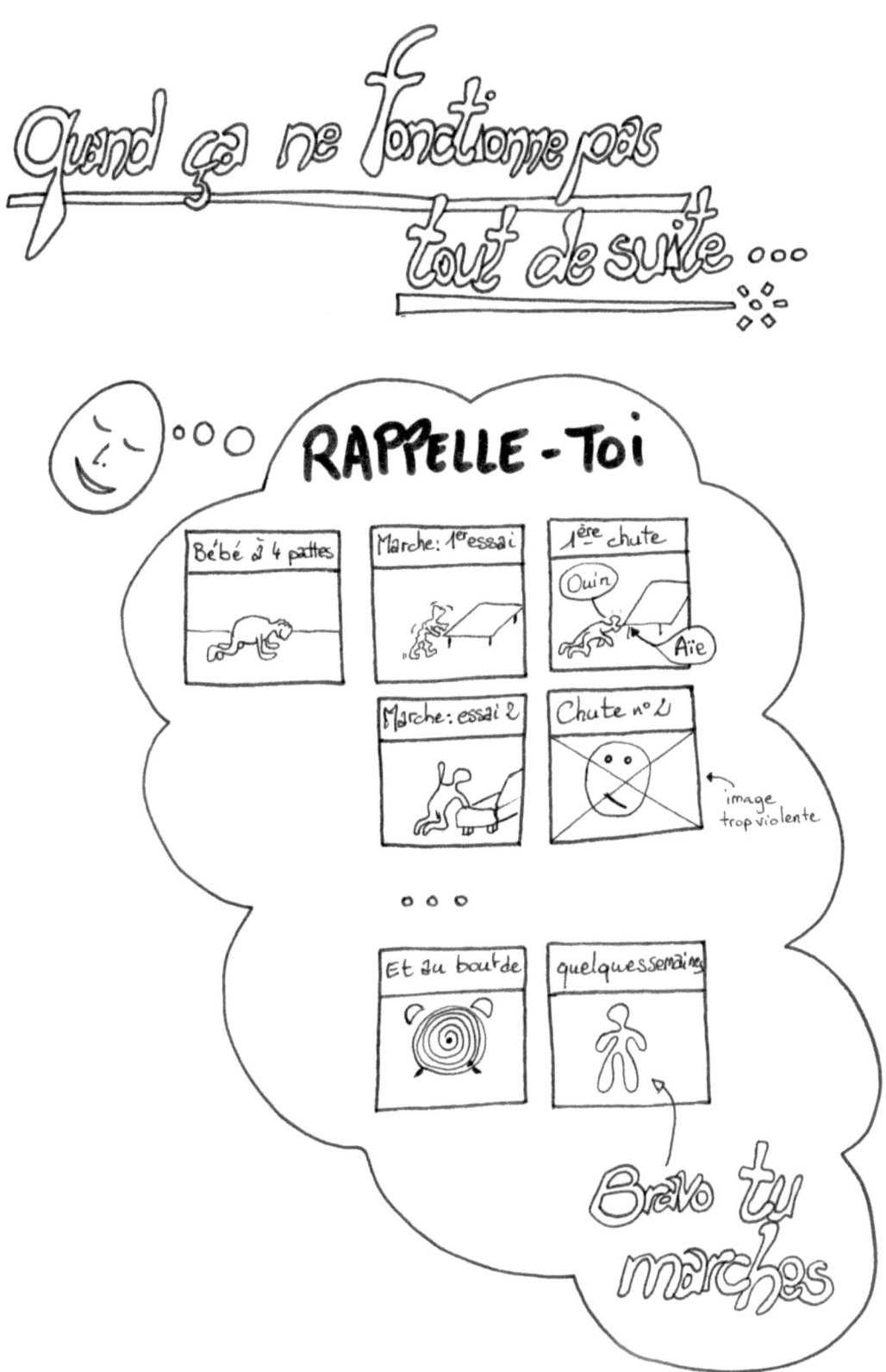

C'est ça l'apprentissage, s'offrir le temps d'y arriver. Tu as le temps !

C'est comme la marche 😉

Ton objectif

(BUT)

Comment tu arrives à atteindre ton but ? Tu montes d'un seul coup ?

Ou t'es + cap de monter marche par marche pour avancer !

Ton objectif, c'est une 1ère marche pour atteindre ton but.

Construis chaque objectif pour que tu puisses le réussir facilement et avec + de plaisir, n'est-ce pas !

Tu sais aussi choisir comment tu veux être mieux maintenant.
Donc qui tu veux être :

Deviens Maître maintenant !

⬇

Ultime Niveau

⬆

Celui qui maîtrise les techniques.

⬇

Celui qui les apprend aux autres.

Tel un disciple du Grand Maître du Labo de TON Cerveau,

Tu apprendras

Et quand apprendre aux autres tu sauras, seulement, Maître tu deviendras.

Voilà...

C'est la fin de cette aventure...

Ou le démarrage d'une nouvelle !

Partage cette vision si tu penses qu'elle est juste. Continue à jouer avec tes sensations, ça devient de plus en plus facile et permet tellement de choses que tu découvriras au fil de ta Vie.

Je te souhaite un fabuleux Super TOI...

Bruno Vandenbeuck

Rendez-vous sur :

http://lelabodetoncerveau.wixsite.com/apprendre-le-cerveau